www.tredition.de

AF216889

Roland Schunke

Aufsätze 1980 / 1981

www.tredition.de

© 2018 Roland Schunke

Verlag und Druck: tredition GmbH, Hamburg

ISBN
Paperback: 978-3-7469-6998-5
Hardcover: 978-3-7469-6999-2
e-Book: 978-3-7469-7000-4

Thomas Mann: „Wenn gerufen wird, es lebe der Fortschritt, so frage ich stets: Fortschritt wessen und wohin?

(September 1980)

Eugen Loderer, der Vorsitzende des DGB, hat in seinem Referat auf dem 13. Ordentlichen Gewerkschaftstag in Berlin folgendes – sinngemäß – gesagt: „Wir wollen weder eine sozialistische Gesellschaftsordnung mit der damit verbundenen Planwirtschaft, noch wollen wir einen uneingeschränkten Kapitalismus. Wir suchen einen eigenständigen Weg, der den in unserer Gesellschaft lebenden Menschen die Existenzerhaltung gewährleistet und unserer Wirtschaft den Fortschritt sichert, auf dem Weltmarkt konkurrenzfähig zu bleiben."

Wenn Thomas Mann also fragt, Fortschritt wessen und wohin, so sind meiner Meinung nach mit *wessen* die in jeder Gesellschaftsordnung zwar konträren, aber, aufgrund der wirtschaftlichen Ordnung, zur Zusammenarbeit verpflichteten Gesellschaftsglieder, Arbeitgeber und Arbeitnehmer angesprochen. Versucht man nun aus der Sicht eines jeden dieser beiden den Begriff Fortschritt zu erläutern, so scheint es fast unausweislich, dass die Beurteilungen verschieden ausfallen müssen. Die Arbeitgeber sehen sicher im Fortschritt den Ausbau ihrer Betriebe, um mit Rationalisierung höhere Produktivität zu erzielen. Ziel dieser Maßnahmen ist eine gesteigerte Rentabilität, Gewinn. Es ist das Recht eines jeden Unternehmers in seinem Betrieb mit bestmögliche Rentabilität zu erreichen, es ist das wirtschaftliche Prinzip der freien Marktwirtschaft. Allerdings haben die vergangenen Jahre gezeigt, dass Unternehmensinteressen oft an den Interessen der Arbeiter vorbeigingen. Denkt man an den Druckerstreik, muss man sich fragen, ob durch den Fortschritt, Rationalisierung durch technische Erneuerungen Arbeitsplätze vernichtet wurden, ohne an anderer Stelle neue zu schaffen? Und hat man hierdurch seine Bilanzen auf dem Rücken der Arbeitnehmer verbessert? An einem Beispiel der Gegenwart glaube ich verdeutlichen zu können, wie diese Fragen zu beantworten sind. Ich denke hierbei an den Mannesmann-Konzern, der durch den Zusammenschluss zweier Betriebe die seit Jahren positiv betriebene Montanmitbestimmung abschaffen will. Hier werden doch offensichtlich die Rechte der Arbeitnehmer zugunsten des Industriekonzerns beschnitten, sicher nicht mit dem Ziel, die sozialen Bedingungen der Arbeitnehmer zu verbessern, sondern um höhere Gewinne zu erzielen. Diese gesteigerte Rentabilität ist das Ziel der Konzernleitung, nach deren eigenen Worten.

Nun möchte ich mich dem erwähnten Gegenpol des Arbeitgebers, dem Arbeitnehmer zuwenden. Hat sich nicht durch den technischen Fortschritt die Arbeitswelt des arbeitenden Menschen zu seinen Gunsten verändert? Denke ich an die technische Verbesserung im Baugewerbe, wo früher für den Bau von Häusern Steine gebrochen und behauen werden mussten und

Kräne zur Materialbeförderung als Utopie galten, so kann man heute feststellen, dass hier der Fortschritt eine positive Entwicklung war. Ebenso hat die Rationalisierung und g die gesteigerte Produktivität in der Zeit des Wirtschaftswunders soziale Gerechtigkeit ermöglicht und jedem Arbeitnehmer weit über das Existenzminimum Chancen eröffnet, an die die Generationen früherer Zeiten noch nicht einmal zu träumen wagten. Heute erscheint mir der Fortschritt nicht mehr als Entwicklung wie in der Zeit des Wirtschaftswunders, sondern als eine Entwicklung mit negativen Vorzeichen. Müssen nicht viele Arbeitnehmer ihren gewohnten Lebenszuschnitt einschränken, da sie nicht mehr über die benötigten Mittel verfügen? Sicher kann man einwenden, viele hätten über ihre Verhältnisse gelebt, dennoch: Im Großen und Ganzen, glaube ich meine Einschätzung aufrecht erhalten zu können. Wie viele Arbeitnehmer sind arbeitslos geworden, weil ihre Betriebe Arbeitsplätze eingespart haben? Ist dies nicht eine düstere Seite des Fortschritts? Um diese mir selbst gestellte Frage zu antworten, versuche ich auf das von Thomas Mann Gesagte, Fortschritt wohin, einzugehen. Wird in der Zukunft weiterhin technischer und wirtschaftlicher Fortschritt unabhängig von den in der Gesellschaft lebenden Menschen vorangetrieben, so wird nur noch der Maschine und nicht mehr dem Menschen Gerechtigkeit widerfahren, denn je größer der technische Aufwand wird, desto weniger wird der Mensch im Wirtschaftsprozess benötigt. Wie aber soll der Mensch, der bisher seinen Lebensunterhalt durch

Arbeit sicherte, existieren? Ich bitte dies nicht falsch zu interpretieren. Sicher werden die Menschen auch in Zukunft durch Arbeit ihren Lebensunterhalt verdienen können, aber man wird mir zugestehen, dass die Bevölkerung wächst währen die Zahl der Arbeitsplätze sinkt. Was also mit dem Überhang an Menschen anfangen? Hierin liegt die Frage nach der Zukunft des Menschen, der Menschheit. Geht der Fortschritt so weit, dass man auf die menschliche Arbeitskraft verzichten kann, so werden Generationen von Menschen ohne Arbeit, ohne Existenzsicherung, vorhanden sein. Dass dies zu schwerwiegenden sozialen und politischen Problemen führen wird, liegt auf der Hand. Meine Ansicht zu diesen Zukunftsfragen lässt sich nur schwer in wenigen Worten fassen. Ich traue mir auch nicht zu, mangels entsprechender fachlicher Kompetenz, diese Fragen zu beantworten. Dennoch: Ich würde eine Rationalisierungssteuer einführen. Jedes Unternehmen, das durch Rationalisierungen Arbeitsplätze abbaut, soll eine solche Steuer in die Renten- und Arbeitslosenversicherung abführen müssen. Dass dies kein alle Fragen umfassendes Konzept darstellt, ist mir bewusst. Es ist nur ein Gedanke. Aber, würde es gelingen, diese Zukunft des Ausgleichs zu bauen, könnten die aufgezeigten sozialen und politischen Probleme überwunden werden und der Fortschrift in der Wirtschaft die Bedürfnisse aller sichern. Wir lebten von der Produktivität unserer – mancherorts von Menschen - unabhängiger Wirtschaft und könnten uns der Entwicklung unseres Lebens widmen. Wohl nur ein Traum, oder?

Interpretation der Ringparabel, Lessing, Nathan der Weise

Oktober 1980

Zu Beginn der Ringparabel spricht Lessing von einem einmal vorhandenen gewesenen, echten Ring. Hiermit könnte er symbolisiert haben, dass er eine Urreligion annimmt. Die Urreligion könnte sich durch verschiedene kulturelle Prägungen in die drei Religionen Judentum, Christentum und Islam gespalten haben. Die drei Nachbildungen des echten Ringes symbolisieren diese Spaltung.

Da niemand den echten Ring, die Urreligion, von den unechten Ringen, den drei Religionen unterscheiden kann, sind diese drei Religionen nur als relative Erscheinungen anzusehen. D.h. jede Religion ist nach Lessing richtig oder falsch. Zur Bekräftigung lässt Lessing den Richter sagen: „Der echte Ring vermutlich ging verloren."

Für Lessing kann eine Religion richtig sein, wenn aus ihr Güte hervorgeht, falsch, wenn sie sich mit anderen Religionen wegen ihres Dogmas, wie während den Kreuzzügen, bekämpft. Hieraus ergibt sich, dass sich keine Religion als absolut richtig bezeichnen kann, denn eine absolute Wahrheit ist nicht erkennbar. Der Grund hierfür liegt in dem jedem Volk unterschiedlich anhaftenden Denkvorstellungen, bedingt durch Geschichte, Kultur und Mentalität.

Lessing bring bringt mit der Relativität, falsch oder richtig, zum Ausdruck, dass es bei den Religionen nicht auf Dogmatik ankommt, sondern einzig und allein, auf die Verwirklichung des Ethos, der Humanität.

Das bedeutet aber auch, dass ein Mensch in keiner Religion erzogen werden muss, wenn man ihn zur Güte erzieht.

Allerdings will Lessing nicht, dass die Religionen gleichgeschaltet werden, denn dies würde eine Zerstörung der Kulturen, in denen die einzelnen Religionen entstanden sind, bedeuten. Er verlangt von den Religionen die Suche nach Wahrheit und kämpft entschieden gegen Rechthaberei.

Lessing bekennt sich in der Ringparabel zur Eschatologie, der theologischen Lehre von den letzten Dingen, die sowohl das Ende der Welt und der Menschheit als auch das Schicksal des Einzelnen beschreibt. Und er erhofft die Zusammenführung der Rassen und Religionen in einer Endzeit.

Was geht uns die Dritte Welt an? Wir haben selbst Probleme!

Dezember 1980

„Die Dritte Welt entfernt sich immer weiter von den Industrie-statten, sollte die heutige Weltwirt-schaftsordnung bestehen bleiben." Dies sind die Worte des Vorsitzenden der Nord-Süd-Kommission, Willy Brandt.

Dennoch gibt es viele, die diesen Worten wenig Beachtung schenken. Sie argumentieren, dass wir, die Industrienationen ihre eigenen Probleme hätten. Aber wie sehen diese aus? Können wir ein Wirtschaftswachstum von 5% erreichen? Wie können wir neue Arbeitsplätze zur Verminderung der Arbeitslosenquote schaffen? Welche Investitionsprogramme müssen gestartet werden, damit unsere Wirtschaft gegenüber dem Ausland konkurrenzfähig bleibt? Das sind unsere Probleme? Wenn ich daran denke, dass Millionen Menschen in dieser Welt jeden Tag drauf hoffen müssen, eine Hand voll Reis zu erhalten, um nicht den Hungertod zu sterben, so möchte ich ihnen mit den Worten Walter Kempowskis antworten: „Uns geht es ja noch Gold."

Vergessen wir unsere ‚Probleme'. Und schauen wir uns die derjenigen an, die fern unserer Existenz-Sicher nach Lösungen suchen, positive wirtschaftliche Entwicklungen einzuleiten. Doch zuvor müssen wir die Frage beantworten, wie und warum die

Länder der sogenannten Dritten Welt entstehen konnten? Denken wir an die Kolonialzeit. Hatten nicht wir, die westlichen Industrieländer, diese Länder unter uns aufgeteilt? England, Spanien, Frankreich, Portugal, Niederlande, auch Deutschland, haben Jahrhunderte lang in ihren Kolonien, ohne Mitwirkung und Mitsprache der in den Ländern lebenden Menschen ihre Kultur, Technologie, ökologisches Wissen dazu verwendet, die Besiegten Länder auszubeuten, deren Rohstoffe geraubt. Ganz zu schweigen von unzähligen wertvollen Schätzen wie Statuen, Bildern, goldbesetzten Masken? Haben nicht die Ausbeuter, nachdem ihnen die Erde zu heiß wurde, die besetzten Völker sich zur Wehr setzten und Unabhängigkeit erwirkten , nicht nur ihre Armeen sondern auch alles Wissen über Infrastruktur und Bildung abgezogen und die Menschen ihrem Schicksal überlassen und sie in ihren vorkolonialen Zustand versetzt? Hier sehe ich unsere Verantwortlichkeit für Dritte Welt, es ist unsere Pflicht mit den Problemen dieser Nationen zu beschäftigen. Wir müssen unsere heutige Wirtschaftsordnung bezüglich der Entwicklungsländer überdenken. Entwicklungsländer sind immer noch reine Agrarländer und stehen erst, wenn überhaupt, am Anfang einer industriellen Entwicklung, ähnlich der Situation der industriellen Revolution zwischen den Jahren 1850 und 1900. Wir, die Länder des „Nordens" sind über diese Entwicklung hinaus und haben uns einer digitalen Revolution zu stellen. Was früher die Macht der Gewalt war, ist heute die Macht der Technik. In beidem kennen ‚wir' uns aus. Und weiter: Unsere Entwicklung wird in allen Bereichen mit großer Geschwindigkeit vorangetrieben, die Entwicklungsländer hinken auch hier erheblich hinterher. In mathematischen Kategorien gedacht: unsere Entwicklung gleich der Folge der Quadratzahlen, die Länder der Dritten Welt entwickeln sich nach der Folge der natürlichen Zahlen.

Wir werden, so paradox dies erscheinen mag, an unserer eigenen wirtschaftlichen Entwicklung scheitern. Denn: Wer soll unsere Produkte abnehmen? Die Dritte Welt? Nein. Diese Länder stehen auf einer anderen Entwicklungsstufe und werden mit unseren hochtechnisierten Produkten wenig anfangen können. Wenn wir uns wirtschaftlich nicht selbst schaden wollen, müssen wir die Länder der Dritten Welt unterstützen.

Die Zusammenarbeit beider ist die Voraussetzung für Bestand und Fortschritt unseres Erdballs. Zudem beflügeln die unterschiedlichen Entwicklungen soziale Ungerechtigkeiten, dies kann nie zu einem sozialen Gleichgewicht führen. Zudem, wir wären auch eine wirtschaftliche Flaute, z.B. in der Ölkrise in den 70zigern, in der Lage aufgrund unserer Leistungsfähigkeit, eine solche zu überstehen. Inn den Entwicklungsländern kann Stagnation bereits zu massiven Existenzbedrohungen führen.

Unsere Aufgabe ist es, mit den Ländern der Dritten Welt, Lösungen zur Beseitigung deren Problem, oft existentielle, zu erarbeiten. Dies ist auch im Wissen um geschichtliche Vorgänge geschuldet. Wie viele Revolutionen und Kriege wurden wegen sozialer Ungerechtigkeit, Bevormundung und Unterdrückung geführt? Wollen wir von denen, die weniger haben als wir, wofür wir zu einem guten Teil verantwortlich sind, wegen gefühlter Ungerechtigkeit überrannt werden – und ich erlaube mir darauf hinzuweisen, dass die Schwierigkeiten in diesen Ländern und damit auch mit uns erheblich zunehmen werden – müssen wir uns, auch aus Gründen des Eigenschutzes mit den Problemen der Dritten Welt befassen. Hilfe als Eigenschutz halte ich für berechnend und der Situation nicht angepasst.

Wir maßen uns an, demokratisch, sozial und frei zu sein. Wir haben uns, als Kolonial- und später als Wirtschaftsmächte als Lehrmeister aufgespielt und andere Länder nach unserer Pfeife tanzen lassen. Wir sind, auch weil wir unsere ethischen und moralischen Werte als richtunggebend ansehen, verpflichtet, unseren Beitrag für die Dritte Welt zu leisten.

Eine Lebensgemeinschaft, die ihre sittlichen und ethischen Werte anderen Lebensgemeinschaft verwehrt, wird sich selbst zerstören.

Wir sollten erkennen: Die eine Hälfte der Welt kann nur mit der anderen Hälfte überleben.

Interpretation: Wallenstein S. 74-75 oben

Februar 1981

Im dem zu interpretierenden Textabschnitt skizziert Wallenstein seine Philosophie einer idealistischen Weltansicht.

Schiller lässt Wallenstein auf die eine realistische Vorstellung Illos, „in deiner Brust sind deines Schicksals Sterne", antworten. Schiller erklärt hierin das philosophische Weltbild der Sophisten, die allein die Existenz der Welt als wirklich ansahen und darüber hinaus nichts als ewig existent verstanden. Durch den weiteren Text bekennt sich Schiller als Anhänger idealistischen Gedankengutes, das seinen Ursprung in der griechischen Philosophie hat. Die Ideenleere Platons, welche besagt, dass die Erde und alles, was wir in unserem irdischen Leben erfahren und zu erkennen glauben, letztlich nur eine Spiegelung der Idee ist, und die Idee der letzten Prinzipien die eigentliche Wirklichkeit darstellt. Schiller stellt mit dem Begriff „Geisterleiter" in Zeile 978 dar, dass zwischen der Erde und dem Kosmos, der Überwelt, eine Verbindung besteht. Dass er gerade Wallenstein, der Feldherr, General des kaiserlichen Herren und somit politische Handelnder (Sein Programm: Nationalstaat, Frieden, Religionsausgleich), die Fähigkeit zuerkennt, weitsichtiger als der realistische Illo zu sein, erklärt sich meiner Meinung damit, dass Schiller die Figur Wallensteins nicht absolut negativ beurteilt.

In dieser Szene ist auch das eigentliche Motiv des Dramas „Wallenstein" abzulesen: die Astrologie. Wallenstein meint, zwischen Erde und Kosmos eine Verbindung ablesen zu können. Er will aus diesem Grund seine Pläne nur in die Tat umsetzen, wenn er weiß, dass die Sternenkonstellation zu seinen Gunsten erforscht ist. Der Sterneglaube soll dem Menschen Geborgenheit geben. Dies gilt, solange er sich eins mit den Sternen ist. Aber trotz seiner astrologischen Studien ist Wallenstein unsicher. Hierdurch wird deutlich, dass Schiller Wallenstein nicht gänzlich akzeptiert. Anhand der Textstelle, glaube ich zu erkennen, dass Wallenstein den Kosmos nicht erforscht, um für sein Handeln den günstigsten Zeitpunkt zu finden. Am Ende der Textstelle sagt Wallenstein: „Nachgeben werde ich nicht!" Daraus schließe ich, dass Wallenstein im Falle einer negativen Erkenntnis der „Sterne", diese zwingen will, seinen Plänen zu dienen. Dies wäre ein hybrides Verhalten, das nach den Vorstellungen der griechischen Antike von den Göttern bestraft werden müsste. Da nach Schillers Interpretation der Nemesis,

(Spätere Anmerkung: *Die unentfliehbare Nemesis steht für die ausgleichende und strafende Gerechtigkeit, für die Vergeltung, die aus Übermut begangenes Unrecht bestraft. Sie sorgt für die richtige Verteilung von Glück und Recht im menschlichen Leben. Ihr Name hängt mit „nemein" zusammen und bedeutet „Zuteilen des Gebührenden"*) wonach ausgleichende Gerechtigkeit möglich ist, Wallenstein am Schluss der Trilogie mit dem Tod endet und das „Haus Wallenstein" zerstört wird, erkenn ich deutlich, dass Schiller das astrologische Forschen, wie Wallenstein es betreibt, als Hybris ansieht.

Dass Wallenstein sein Schicksal in den Sternen abzulesen sucht, kann auch einen anderen Grund haben. Wallenstein sieht sich, angesichts seiner in der damaligen Zeit revolutionären Ideen (s.o.) als Politiker. Er glaubt, dass er als ein solcher nicht nur seinem Schicksal gemäß handeln muss, sondern dass sein Handeln selbst Schicksal ist. Er ist der Überzeugung, dass nach Realisierung seiner Ideen die „Weichen" für alle Betroffenen gestellt sind und ein Entrinnen nicht mehr möglich ist.

Für mich bleibt folgende Frage: Warum hat Wallenstein bei der Wichtigkeit seiner politischen, durchaus positiv zu bertenden, Ziele, einen geeigneten Zeitpunkt für deren Durchsetzung in den Sternen ablesen will. Eine Antwort hierauf lässt sich der Textstelle nicht entneh-men.

Allerdings: Wäre es Wallenstein einzig und allein um seine politischen Ideale, seine Ziele, gegangen, hätte es der Erforschung des Kosmos nicht bedurft. Seine Pläne waren aber nicht rein, denn er hatte im Hinblick auf die Erreichung seiner Ziele auch persönliche Gründe. Allein aus diesem Grunde musste er zwangsläufig in Schuld geraten und nach Schillers Auffassung von der Nemesis bestraft werden.

Als Wallenstein am Schluss des Monologs zu seinen Generälen sagt, dass er nicht nachgibt, ist dies ein Hinweis auf seinen Charakter. Er ist ein Machtmensch. Als solcher kann er von seinen ehrgeizigen Zielen nicht lassen. Und als solcher muss er auch dein „Gesicht wahren", denn niemand würde eine Schwäche, einen Rückzug des großen Feldherrn verstehen.

Die Flucht ins Private ist eine Begünstigung der Diktatur und eine Gefahr für die Demokratie.

Mai 1981

In unserer heutigen Zeit existieren vielseitige Möglichkeiten des Ausstiegs aus der Gesellschaft. Grüne und Alternative wollen zurück zur Natur, andere ziehen die Flucht ins Private vor.

Was hat man unter einer „Flucht ins Private" zu verstehen? Und was bedeutet Flucht? Flucht- fliehen? Muss, wer flieht, Angst haben? Ja. Wer ins Private flieht, hat Angst. Angst, den Arbeitsplatz zu verlieren, als Versagen bezeichnet zu werden? Angst vor der Realität, vor Verantwortung, vor dem eigenen Ich?

Ich bin weniger daran interessiert, die Ängste des Einzelnen zu erkennen, diese würde mich zu weit vom Thema entfernen. Zum Schluss meiner Ausführungen werde ich auf das Thema Verantwortung zurück-kommen. Zunächst muss ich „die Flucht ins Private" näher beleuchten.

Flucht ins Private heißt: Flucht aus der Gesellschaft. Da der Mensch, wie bereits Aristoteles festgestellt hat, ein soziales Wesen ist, d.h. dass der Mensch in seiner Existenz auf das Leben in einer Gemeinschaft abgewiesen ist, bedeutet eine Fluch aus der der Gesellschaft, ins Private, ein atypisches Verhalten. Der, der aus der Gesellschaft flieht, hat mit der „Art Mensch" nur noch reine Äußerlichkeiten gemeinsam. Ansonsten lebt er ein totes Leben, das er lediglich biologisch aufrecht erhält, bis ihn der körperliche Tod einholt. Mir ist bewusst, dass das eine extreme Sicht darstellt. Sicher zieht sich der ins Private Fliehende nicht auf eine einsame Insel zurück, er lebt nach wie vor in der Gemeinschaft. Allerdings mit dem Unterschied, dass er sich den Problemen, insbesondere den politischen und sozialen, des täglichen Lebens nicht als denkendes Individuum stellt. Wer aber aufhört, politisch und sozial zu denken, lebt nicht.

Wie könnte dies eine Begünstigung der Diktatur sein? Und wenn dem so wäre, was ist eine Diktatur? Unter einer Diktatur verstehe ich ein totalitäres Staatssystem, in dem die staatliche Macht in wenigen Händen konzentriert ist. Die Verfassung eines solchen Staates, sofern eine solche besteht, orientiert sich nicht an den Menschenrechten oder den freiheitlichen Grundrechten, sondern lediglich an der Durchsetzung der Macht der an der Führung des Staates verantwortlichen Elite. In einem solchen Staat herrscht keine Rechtssicherheit, weil alle Gesetze der Erhaltung der Macht dienen und nicht der Gerechtigkeit. Ebenso werden alle Informationssystem, wie im „Dritten Reich", gleichgeschaltet, eine freie Presse unmöglich gemacht. Ein Bürger, der ins private flieht, verhält sich meiner Meinung nach so, wie ein Bürger in einer Diktatur. Er denkt nicht politisch, er lässt anderen die Möglichkeit, ihn zu lenken. Man verlangt von diesem Mensch zwar keinen Gehorsam, aber seine Fluch ins Private würde jede Diktatur begünstigen.

Ist aber, nach der Fragestellung, eine Flucht ins Private sei eine Begünstigung der Diktatur, eine solche Flucht gleichzeitig eine Gefahr für die Demokratie? Was ist eine Demokratie?

In einer Demokratie geht, wie im Grundgesetz verankert, alle Staatsgewalt vom Volke aus. Die staatliche Macht ist nicht in den Händen weniger konzentriert, sondern wird von den in der Verfassung festgelegten Institutionen ausgeübt, immanent begleitet durch die unver-äußerlichen Menschenrechte. Die Gewaltenteilung (Legislative, Judikative, Executive) sind streng voneinander getrennt und können nicht durch Einfluss mächtiger Personen ausgehebelt werden. Meinungsfreiheit, Pressefreiheit und Rechtsicherheit sind die größten Güter einer Demokratie.

Gesetzesänderungen gehen oft lebhafte Diskussionen voraus, Rechtsauffassungen werden kontinuierlich der jeweiligen Zeit in kleinen Schritten und behutsam und in gesellschaftlichem Konsens geändert.

Man könnte die nun die Auffassung vertreten, dass eine Flucht ins Private ja, wenn es denn so ist, keine Gefahr für die Demokratie sein könne. Wer aber so argumentiert, vergisst, dass eine Demokratie etwas Weiteres anzuführen hat: Freiheit und Toleranz. Toleranz heißt Dulden anderer Meinungen in religiösen, ethischen und politischen Anschauungen. Trotz rechts- oder linksradikaler Ansicht politischer Gruppierungen können Verbote nur in rechtsstaatlichen Verfahren ausgesprochen werden. Sicher ein langer Weg, der, solange keine rechtskräftige Entscheidung getroffen wurde, die Möglichkeit offen lässt, weiterhin staatsfeindliche Ideologien zu verbreiten. Das ist misslich aber hinzunehmen. Würde es aber kein rechtsstaatliches Verfahren geben, würden staatsfeindliche Gedanken für immer toleriert werden müssen und letztlich das Staatsgefüge und die Demokratie gefährden.

Man kann sicher niemanden daran hindern, ins Private zu fliehen. Mir fällt auch keine Antwort ein. Allerdings steht in unserem Grundgesetz: „Alle Staatsgewalt geht vom Volke aus." Daraus schließe ich, dass jeder Bürger verpflichtet, ist am politischen Gestaltungsprozess mitzuwirken.

Winston Churchill wird folgendes zugedacht: „Die Demokratie ist die schlechteste Staatsform, aber es wurde noch keine bessere erfunden." Damit hat er zweifellos nichts Falsches gesagt. Ich möchte dem aber noch etwas hinzufügen. Eine Demokratie ist die schwierigste Staatsform, denn sie setzt ein hohes Maß an Verantwortlichkeit voraus, Verantwortung eines jeden Bürgers ebenso, wie – und dies in erhöhten moralischen Sinne – den politisch Verantwortlichen.

In einer Diktatur bedarf es keiner Verantwortung des Einzelnen, das würde nur stören. Wer ins Private flieht, verhält sich gegenüber dem Staat, seinen Mitmenschen, seiner Familie verantwortungslos. Verantwortungs-losigkeit führt zur Entmündigung, Entmündigung ist Diktatur.

Max Frisch: Höflichkeit (Die Tagebücher, 1946- 1949, Seite 53)

September 1981

Die gängige Vorstellung von Höflichkeit lässt sich mit wenigen Worten erklären: Man hilft jemandem in den Mantel und weiß sich ansonsten gut zu benehmen. Reine Oberflächlichkeiten, die, wie Max Frisch sagt, als „leere Fratze" verachtet werden. Frisch bezeichnet die Höflichkeit als eine andere Ausdrucksform der Wahrhaftigkeit. Er ist der Meinung, dass man ohne Höflichkeit nicht wahrhaftig sein könne. Desweiteren ist er der Überzeugung, dass es unmöglich ist, ohne Wahrhaftigkeit in menschlicher Gesellschaft zu leben, da eine Gesellschaft nur auf Wahrhaftigkeit bestehen könne. Max Frisch versteht demnach beide Begriffe, Wahrhaftigkeit und Höflichkeit, als sich gegenseitig ergänzende Begriffe. Für ihn besteht keine Möglichkeit der Trennung. Niemand ist höflich ohne wahrhaftig zu sein. Niemand kann wahrhaftig sein, wenn er unhöflich ist. Allerdings möchte er Höflichkeit nicht als „Summe von Regeln" verstanden wissen. Hiermit bringt er meiner Meinung nach zum Ausdruck, das der einzelne Mensch nicht durch autoritäre Erziehungsmethoden zur Höflichkeit erzogen werden kann. Ich vermute, er will damit aufzeigen, dass eine „unhöfliche Erziehung" – autoritäre Erziehung, Drill können nicht höflich vermittelt werden – niemals zur Höflichkeit des zu erziehenden beitragen können, da autoritäre Methoden zur Unterdrückung der Ich-Werdung führen, wodurch letztlich Aggressionen anerzogen werden, die, das sie an den Erziehern nicht abgearbeitet werden können, dazu führen, dass Unhöflichkeit außerhalb des erzieherischen Rahmens wirken.

Frisch versteht Höflichkeit als eine Bereitschaft, eine innere Haltung, die sich von Fall zu Fall bewähren muss. Macht man sich klar, dass Höflichkeit nicht durch „Drill" anerzogen werden kann, wird verständlich, dass keine bestimmten Verhaltensweisen gemeint sein können. Für Frisch bedeutet Höflichkeit die Fähigkeit, sich in einen anderen Menschen hineinzudenken, um mit Feingefühl dessen Empfindsamkeit zu erkennen und die eigenen Äußerungen, diesen Personen gegenüber, auf persönliche Verletzbarkeiten zu untersuchen. Frisch weist auf die Differenziertheit der Mensch hin. Für ihn ist jeder Mensch in seinem inneren Wesen von anderen verschieden. Hieraus ergibt sich die Notwendigkeit für jeden Einzelnen, seine Höflichkeit, stets neu oder anders, auf das jeweilige Gegenüber zu definieren.

Ein mit „beiden Füßen im Leben stehender Mensch" wäre z.B. wohl mit Spitzfindigkeiten seiner Dickleibigkeit wegen in keiner Weise zu beleidigen. Er würde derartigem mit einer unhöflichen Antwort entgegnen. Weniger „Belastbare", ein Mensch, der sich wegen seiner Leibesfülle wenig oder nicht akzeptiert fühlt, würde sich in seinem Innersten zutiefst getroffen fühlen. Dies meint Frisch, wenn er sagt, dass Höflichkeit „Fall zu Fall bewähren muss".

Feinfühligkeit, Sensibilität des eigenen Ichs gegenüber anderen Menschen stellt für Frisch einen Aspekt der Höflichkeit dar. Dieses bezieht sich auf die Differenziertheit der einzelnen Menschen in ihrem Wesen. In einem Beispiel führt Frisch eine andere Form der Höflichkeitsbewährung an. Er sagt, es sei unpassend, auch wenn es der eigenen Laune entspräche, „Witze über leichen zu machen, wenn der Gesprächspartner gerade einen lieben Menschen verloren habe." Ich vermute, Frisch will hierdurch aufzeigen, dass Menschen nicht nur in ihrem Wesen verschieden sind, sondern das sie, durch zeitlich unmittelbar erlebte Schicksale, für einen gewissen Zeitraum durch bestimmte Äußerungen verletzt werden können, was sie unter anderen Umständen, zu anderen Zeiten, nicht verletzt hätte. In solchen Momenten bedarf es seitens des Sprechenden eines besonderen Taktgefühls in Bezug auf die seelische Verfassung des Anderen.

Max Frisch erwähnt andere Bespiele. „Man bringt Blumen, um zu zeigen, dass man an die beschenkte Person schätzt." Man hilft einer Anderen in den Mantel. Wie bereits gesagt, bezeichnet Frisch – in Ironie - diese Höflichkeiten als bloße Faxen. Denn dies Höflichkeiten, Ausdruck mitmenschlicher Beziehungen, stehen für ihn als Symbol gelebter Höflichkeit, die zwar auf Alltäglichkeiten beschränkt sind, aber für ihn, bei entsprechender Weiterentwicklung, auf andere Lebensbereiche ausgedehnt werden können.

Voraussetzung aller Höflichkeit ist für Frisch die Kraft der Liebe. Er ist der Überzeugung, dass der wirklich Höfliche ein Liebender sein muss, denn der Liebende denkt an den Menschen und versucht mit Feingefühl dessen Inneres zu erkennen, nicht um ihn zu verletzen, sondern um ihn, seiner Persönlichkeit gemäß, zu fördern. Der Liebende, so meint Frisch, versuche nicht nur durch Feingefühl und Takt sein Gegenüber zu erforschen, sondern ihm durch die Art seiner Sprechweise, „man spürt es am Ton", Vertrauen zu schenken. Hierzu fordert zum Nachdenken an die chinesischen Meister auf.

„Nicht der Kluge, nur der Weise hilft." Will heißen: Klugheit ist nicht in der Lage auf einen Menschen einzugehen, wenn sie nicht mit Liebe gepaart ist. Nur die Weisheit kann helfen.

Die Frage, ob Frischs Auffassung von Höflichkeit für andere Verbindlichkeit beanspruchen kann, beantworte ich mit einem eindeutigen Ja.

In jeder sozialen Einheit, ich verstehe darunter, dass Menschen in einem gemeinsamen Lebensbereich aufeinander wirken, ist Höflichkeit die erste Notwendigkeit für Problemlösungen. Die kleinste soziale Einheit ist wohl die Familie. Die ihr angehörenden Personen sind auf unabsehbare lange Zeit und auf einem genau definierten Raum mit einander vereint. Hier sollte Höflichkeit das oberste Gebot sein, denn jedes Familienmitglied kann in seinem Wesen – trotz genetischer Verwandtschaft – verschieden von den anderen sein. Also bedarf es auch hier Feingefühl, Takt und Liebe. Die Verschiedenartigkeit eines jeden Mitglieds, trotz verwandtschaftlicher Erbanlagen, bedingt auch hier eine wechselseitige Achtung des anderen, die in den Formen der Höflichkeit Ausdruck finden.

Gelten nicht auch für den schulischen Bereich (Verhältnis Lehrer-Schüler), den politische Raum (Mitglieder verschiedener politischer Parteien mit kon-trären Denkmustern), Tarifverhandlungen (Arbeitgeber, Gewerkschaften) die Formern der Höflichkeit?

Muss nicht, unabhängig von den gerade angesprochenen gesellschaftlichen Teilereichen, die Gesellschaft als Ganzes betrachtet werden? Leider findet hier oft aufgrund großer Emotionalisierung eine gefährliche Polarisierung statt. Und dies nicht zuletzt deshalb, weil die in unserer Demokratie verantwortlichen Politiker jeder Höflichkeit entbehren, wenn es darum geht den politischen „Gegner" als „Verräter der Nation" zu diffamieren. Nur, um die eigene Meinung durchzusetzen, sei sie richtig oder falsch, und die Macht zu erringen oder zu behalten.

Gerade die im öffentlichen Leben stehenden Personen, die Vorbildcharakter insbesondere für junge Menschen haben, sollten sich den Formen der Höflichkeit bedienen. Welche Möglichkeiten würden sich dann auftun.

Höflichkeit, wie Max Frisch dies sieht, muss Bestandteil des gesellschaftlichen Lebens sein. Nur dadurch kann jeder Einzelne des gesellschaftlichen Raums, auch trotz gegensätzlicher Meinungen, ein menschenwürdiges Le-ben führen.

Höflichkeit bedeutet Achtung, Achtung des anderen Würde.

Realismus; Fontane: Irrungen, Wirrungen

November 1981

Realismus

Der Realismus wollte die ihm fassbare Welt unparteiisch beobachten und schildern. Ausgeschaltet wurde, was jenseits des Realen liegt. Die Wirklichkeit sollte gezeigt werden, wobei der realistische Dichter jede die Wirklichkeit verfälschende Tendenz ablehnte. Als Voraussetzung für realistische Dichtung galten die Kenntnisse gesellschaftlicher Verhältnisse. Die Heranziehung des Milieus diente dazu, den Menschen in seiner Spannung zur Umwelt zu zeigen. Im Mittelpunkt steht der Mensch. Man versuchte auf dem Erfahrungswege das Wesen der seelischen Funktionen und ihre Beziehung zum Leib zu ergründen. Von der menschlichen Seele aus schien die ganze Welt erreichbar. So waren die Spannungen zwischen der menschlichen Seele und der den Menschen umgebenden Welt das eigentlich Thema der Dichtung. Die Religion konnte nach Ansicht der Realisten nicht mehr über die Dissonanzen des Daseins hinweghelfen, weshalb man sich von ihr abwandte. Der Mensch wurde ohne Beziehung zum Transzendenten gesehen. Als illusionsloser Beobachter der Wirklichkeit erkannte der Realist im Leben ein Macht, der die menschliche Vorstellung von Schuld und Unschuld fremd sind und der der Mensch ausgeliefert ist. An die Stelle der Gottheit und des unfassbaren Schicksals war die Welt selbst getreten.

Gottfried Keller drückt dies wie folgt aus: „Der Welt erliegt das tragische Individuum, weil sein Handeln die Ordnung stört."

Grundzüge des Realismus sind Entsagung und Resignation.

Der poetische Realismus stellte den Menschen noch nicht, wie der Naturalismus, als Produkt der materiellen Kräfte dar, sondern zeigte ihn im Kampf mit ihnen. Dieser Kampf ist allerdings vorneherein gegen das Individuum entschieden. Dem Realismus ging es letztlich um die Wahrung des inneren Anstandes, um das Sittengesetz als Ordnungsmacht im menschlichen Leben, vor allem gegenüber den Leidenschaften.

Noch einmal Gottfried Keller: „Was ewig bleiben muss, ist das Streben nach Humanität."

Die geistige Situation

In den 50ziger Jahren des 19. Jahrhunderts setzte die Entwicklung der Naturwissenschaften ein. Mit ihr verbunden war eine starke Ausbreitung der Technik, die wiederum zur Industrialisierung führte. Durch diese setzte eine Kapitalisierung ein, die weite Bevölkerungs-Schichten proletarisierte. Die Zeit des Realismus kann als antiidealistische Periode angesehen werden, da man sich einem materialistischen Atheismus zuwandte. Diese Auffassung vertrat auch der Positivismus. Für diese war eine andere Realität außerhalb der Erkennbaren entweder nicht sichtbar oder man lehnte eine andere Realität vollkommen ab. Zu den Zeitströmungen des Realismus ist auch die Philosophie von Karl Marx zu rechnen. Für ihn waren Philosophie, Religion und Moral nur der Überbau der natürlichen gesellschaftlichen Zustände, d.h. der Produktionsverhältnisse. Für Marx war demnach alles Geistige von der Materie abhängig.

Feuerbach verlangte eine Wendung zu einer dies-seitigen, sinnlich erfassbaren Wirklichkeit.

Darwin entwickelte in seinem Buch „Über den Ursprung der Arten durch natürliche Zuchtwahl" die Evolutionstheorie, nach der sich der Stärkere durchsetzt.

Schopenhauers Philosophie war von Pessimismus und Resignation gekennzeichnet. Er sah die Welt als Äußerung einer unvernünftigen und blinden Kraft an. Er glaubte, dass der Mensch eine relative Erlösung nur durch die Verachtung des Lebens finden könnte.

Nietzsche prägte den Begriff des Übermenschen. Der Mensch sollte sich frei machen aus seiner Demuts-haltung und seiner Unterwürfigkeit und so über das bisherige Menschsein hinauswachsen. Dies war für Nietzsche eine „Sache der vitalen Schöpferkraft".

Der Realismus war eine internationale Strömung. Zu nennen wären für Frankreich Balsac, für Russland Dostojewski.

Die wichtigsten Dichter des deutschen poetischen Realismus sind: Fontane, Hebbel, Keller, Raabe, Storm, Busch.

In Fontanes Roman „Irrungen, Wirrungen" erkennt man die antiidealistische Einstellung des Realismus und die Hinwendung zur erkennbaren Realität dadurch in diesem Werk keinerlei idealistische Gedanken einfließen. Die einzige nennenswerte Stelle im vorgenannten Sinn könnte man der Aussage zuschreiben, die Rexin an Botho richtet: „Ich bin ein wenig nihilistisch." Die der Strömung des Realismus zugrunde liegende Resignation kann als Leitmotiv des Romans angesehen werden. Denn für Fontane gibt es kein Glück, weil die Menschen von der stärkeren Ordnung eingeholt werden. Da die Ordnung aber den menschlichen Wesen zuwiderläuft, die Individualität zerstört und der Mensch in einer ihm Halt gebenden Ordnung leben muss, *muss* sich das Individuum dieser verhassten Ordnung fügen.

Als weiteres Leitmotiv des Romans muss die Unbeständigkeit des Glücks gesehen werden. Glück gibt es für Fontane nur in ganz kurzen Zeitspannen; wenn es dies überhaupt geben kann. In der Szene in „Hankes Ablage" wir deutlich, dass Fontane der Überzeugung ist, dass die kurze Zeit des Glücks zu jeder Zeit von der Gesellschaft beschnitten werden kann. Das bedeutet:

Der Mensch hat keine Möglichkeit der Ordnung und damit der Gesellschaft zu entfliehen, der Mensch lebt im Zwang, sich in die Ordnung zu fügen.

Für Lene und Botho besteht keine Möglichkeit eine dauerhafte Beziehung einzugehen. Botho ist durch seine Einbindung in den Stand des Adels, der intellektuell auf einem hohen Niveau ausgebildet ist, nicht in der Lage, gesellschaftlich abzusteigen. Lene kann, aufgrund ihrer gesellschaftlichen Verhältnisse, bildungsmäßig nicht aufsteigen. Glück kann es für beide nicht geben, weil die intellektuelle Kluft zwischen beiden zu groß ist und weil die Angehörigkeit zu verschiedenen gesell-schaftlichen Ständen eine Verbindung von gesellschaftlicher Seite verbietet. Diese Resignation und das Zurückgehen in die verhasste Ordnung bedeuten Glücklosigkeit. Wenn also der Mensch wegen seiner gesellschaftlichen Verhältnisse eine Verbindung nicht eingehen kann, muss er dem Glück entsagen.

Das weitere Merkmal des Realismus, die Einhaltung der Humanität wird im Gespräch zwischen Botho und Rexin deutlich, denn der von Rexin angestrebte Mittelkurs wird von Botho entschieden abgelehnt: „Vieles ist erlaubt, nur nicht das, was die Seele trifft, nur nicht Herzen hineinziehen und wenn es das eigene wäre." Für Fontane darf der Mensch nicht leiden.

Durch die Geschichte im Roman wird auch der Realitätsbegriff des Realismus, dass die Handlung im Kunstwerk in der

Realität denkbar ist, herausgearbeitet. Das Verhältnis zwischen Lene und Botho könnte in der Realität vorkommen, Gestalten wie Faust und Mephisto dagegen sind im Realen undenkbar.

In seinem Roman „Irrungen, Wirrungen" zeigt von Fontane in einer Kernbotschaft auf, dass der Mensch in Abhängigkeit zur ihn umgebenden Gesellschaft lebt und dass die Eingliederung in seinem jeweiligen gesellschaftlichen Stand, den diesem zugrunde liegenden Ordnungen und Formalismen, größten Einfluss auf Erziehung, Bildung und berufliche Entwicklung hat. Es wird erkennbar, dass die Gesell-schaft eine Macht ist, an der der Mensch nicht „nicht teilnehmen" kann.

Und die Frage nach dem Glück? Diese ist, wie bereits geschrieben, wenn überhaupt, nur in sehr kurzen Momenten möglich.

Interpretation und Stellungname zu Text von Adalbert Stifter vom 25.5.1848

November 1981

Text

...Ich bin der Mann des Maßes und der Freiheit – beides ist jetzt leider gefährdet, und viele meinen, die Freiheit erst recht zu gründen, wenn sie nur sehr weit von dem früheren System abgehen, aber da kommen sie an das andere Ende der Freiheit an. Nicht in Alleingewalt, sondern in der Verteilung liegt sie. Solange die Leidenschaft forthastet und nie genug gegen den Gegner getan zu haben meint, ist meine Stimme nicht vernehmlich und sind Gründe nicht zugänglich. Deshalb bin ich stumm, bis man Meinungen überhaupt sucht, nicht mehr bloß einungsgenossen. .... Betrübend ist die Erscheinung. Dass so viele, welche die Freiheit begehrt haben, nun selber von Despotengelüsten heimgesucht werden; wer den Übermut anderer früher ertragen musste, wird, sobald er frei ist, nicht etwa gerecht, sondern nun seinerseits übermütig; das ist der große Unterschied, aus Gehorsam gehorchen oder aus Achtung vor dem Gesetz. Die früher bloß gehorsam waren, die werden nun willkürlich und möchten, dass man ihnen gehorche; die ihrem inneren eigenen Gesetze Genüge taten, tun es auch jetzt und sind gerecht. Solche sind Männer (Frauen) der Freiheit, die anderen müssen es erst werden. Erst wenn die Anzahl Männer (und Frauen) die sich selbst

zügeln können und die ihnen im Übermaße zuströmende Gewalt als Gleichgewicht in irgendeine andere Schale zu legen vermögen, sehr groß wird, ist das konstitutionelle Leben fertig. Und das ist schwerer als man denkt…..Darum ist Freiheit allein der Probestein der Charaktere, und sie macht auch allein die großen Menschen möglich. Selbstbeherrschung bis zur Opferung des Lebens, Maß bis zur Verleugnung der heißesten Triebe ist nur in der Freiheit möglich; denn sonst kann es als Gebundensein, nicht als Selbstbestimmung vorliegen. Unter manchen, die ich kannte, sind die sprudelndsten Stürmer jetzt die, die früher die Schwächsten waren. Sie können eben sich selber nicht widerstehen. Das ist der Stoff der Tyrannen. Der feste frei Mann (die feste frei Frau) lässt dem anderen auch Festigkeit und Freiheit, ja er (sie) achtet ihn (sie) nur, wenn er(sie) beides hat: seine(ihre) Waffe ist gegen den Freien das Wort und der Grund gegen den Angreifer das Schwert. … Möge Europa sich bald in der teils neu errungenen, teils schön länger bestandenen Freiheit festigen und ordnen – sonst gehen wir bei dem Auftauchen so vieler nicht messbarer Gewalten einer düsteren Zukunft entgegen…

Wüsste ich nicht, dass der vorliegende Text von Adalbert Stifter stammt, und wüsste ich fernerhin nicht, dass er im Jahre 1848 geschrieben wurde, würde ich ihn einem Schriftsteller unsres Jahrhunderts zuschreiben. Es ist faszinierend: Ein über 100

Jahre alter Text erscheint heute aktueller zu sein, als zu seiner Entstehungszeit.

Adalbert Stifter stellt sich selbst als Mann des Maßes dar. Diese für ihn wesentlichen Merkmale menschlichen Zusammenlebens – heute würde man für den Begriff „Mann des Maßes" eher „Mann der Mitte oder des Ausgleichs wählen – sind für ihn gefährdet. Für ihn liegt vor allem eine Gefahr in der Abwendung von jahrhundertelang gewachsenen Traditionen, denn nichts anderes meint er, wenn wer sagt: „Viele meinen, die Freiheit erst zu begründen, wenn sie nur sehr weit von dem frühen System abgehen." Jeder Mensch ist in irgendeiner Weise mit der vor ihm liegenden Zeit verbunden. So durch gesellschaftlich gewachsene und durch die Zeit veränderte Strukturen. Aus Klosterschulen wurden staatliche jedem zugängliche Schulen. Gesellschaftliche Vorstellungen von Sitte, Ehre und Moral haben sich geändert. Dies in kontinuierlichem und vielschichtigem Wandel. Wer versucht, eine durch Traditionen befüllte Ordnung durch revolutionäre Wertauflösungen zu beseitigen, vergisst, dass jeder Wandel, in politischen und gesellschaftlichen Anschauungen, von der Gesamtheit der Bevölkerung mitgetragen werden muss. Für Stifter bedeutet das Abwenden von einem früheren System einen Bruch mit der Tradition und, was schwerer wiegt, die Umkehr des gesellschaftlichen Gefüges. Wenn er vom „anderen Ende der Freiheit" spricht, meint er einen Austausch des Herrschers durch den Beherrschten. Dies ist für Adalbert Stifter nicht hinnehmbar und die Gefahren eines solchen Vorgehens stehen ihm klar vor den Augen. Durch die bloße „Umstülpung" der Gesellschaft sieht er die permanente Gefahr, eines erneuten Umschlagens in die alte Richtung. Für die jeweils siegreiche Seite mag dies befriedigend sein, für den Bestand der Gesellschaft wäre dies verhängnisvoll. Für Adalbert Stifter ist die Freiheit ein hohes Gut. „Nicht in Alleingewalt, sondern in der Verteilung liegt sie.", will meinen, dass die Freiheit allen Gruppierungen in einem Staat zugutekommen muss und innerhalb der Gesellschaft ein friedliches Miteinander förderlich ist. Niemand darf im Alleinbesitz eines Freiheitsprivilegs sein. Nur dann ist die Freiheit an sich, nach Stifter, verwirklicht. Eine absolute Freiheit allerdings gibt es nicht, da des Einen Freiheit dort aufhört, wo des Anderen Freiheit durch die des Einen bedroht ist. Denken wir an Strafverfahren. Ein Rechtsstaat muss verurteilten Straftätern, also Menschen, die in die Freiheitsrechte anderer eingegriffen haben, notfalls zu Haftstrafen, zu Freiheitsentzug, verurteilen.

Stifter wendet sich gegen den, wie er es nennt, „natürlichen Gang der Dinge", dass, wer den Übermut anderer ertragen musste, sobald er frei ist, nun seinerseits übermütig wird. Er zeigt einen gedanklichen Unterschied auf. §Aus Gehorsam gehorchen oder aus Achtung vor dem Gesetz." Stifter will nicht, dass der in einer Gesellschaft lebende Mensch sich einer gegebenen Ordnung unterwirft, weil er gehorchen muss, sondern weil er die gegebene Ordnung einsichtig respektiert. Er teilt die Gesellschaft in Gruppen ein. Die einen gehorchen, weil sich hierzu genötigt sehen, die anderen, weil sie einsichtig sind. Die Einsichtigen nennt er „Männer (Frauen) der Freiheit". „Erst wenn es genug solche Männer (Frauen) gibt, die aus sich heraus gerecht sind, ist das konstitutionelle Leben fertig." Möglicherweise mag es wirklich von solchen Männern (und Frauen) abhängen, ob Freiheit in einer Gesellschaft verwirklicht wird. Vielleicht sind diese *einsichtigen Gehorchenden* die Garantie dass innerhalb einer Gesellschaft Gerechtigkeit und soziales Gleichgewicht herrscht. Für Stifter gibt es „aus Gehorsam Gehorchende" und aus „ vor Gesetz einsichtig Gehorchende". Wie können Menschen eingeordnet werden, die zwar einsichtig sind, aber dennoch kein Achtung vor dem Gesetz haben, die ihre eigene Vorstellung von gesellschaftlichem Leben haben?

Stifter spricht vom Gesetz, aber welche Gesetze meint er? Meines Erachtens erkennt Stifter über den im Staat geltenden Gesetzen menschlicher Ordnung eine höhere Ebene. Sieht er die Gerechtigkeit in den grundlegenden, eine Abänderung nicht zugänglichen Menschenrechten? Denkt er an eine göttliche Ordnung? Ich vermag es nicht hinreichend zu beurteilen.

Stiftersieht „die Freiheit als alleinigen Probestein der Charaktere". Für ihn bedeutet Freiheit nicht zügelloses oder hemmungsloses Ausleben von Trieben, sondern ihn bedeutet Freiheit ein verantwortungsvolles Leben im Dasein. Für ihn ist die Verantwortlichkeit gegenüber der Gesellschaft und den Individuen ist für ihn oberstes Gebot. Der Mensch muss, so Stifter, seinen Charakter, sich selbst, beherrschen lernen, nicht weil er dazu gezwungen ist, sondern weil ihm seine Einsicht eine andere Lebensweise verbietet. Ob allerdings, wie Stifter fordert, die menschliche Selbstbeherrschung bis zur Opferung des Lebens gehen soll, möchte ich bezweifeln dürfen. Ich denke aber, dass Stifter hier ein absolutes Zeichen setzen wollte. Unbestritten bleibt für mich, dass der Mensch innerhalb einer Gesellschaft, in der er lebt, Pflichten erfüllen muss, eine „Selbstbeherrschung bis zur Opferung würde aber meines Erachtens der individuellen Freiheit entgehen stehen. Für Stifter ist die Selbstbeherrschung eine Sache der persönlichen (freien) Entscheidung, somit wäre die „Opferung des Lebens" auch nur in der Freiheit möglich. Dem Menschen wird kein Zwang angetan sondern freie Entscheidungsfähigkeit gegeben. Stifter sieht seine „Opferung" nicht als Gebundensein, sondern als Selbstbestimmung. Im weiteren spricht Stifter eine andere menschliche Notwenigkeit, die keine Alltäglichkeit ist, an. Er sagt: „Die sprudelnsten Stürmer sind jetzt die, die früher die Schwächsten waren. Sie können eben sich selber nicht widerstehen." Wer sich nicht selbst widerstehen kann, hat versäumt, sich seine Handlungsweise bewusst zu machen. Die Gefahr, sich von seinen Gefühlen leiten zu lassen, die Macht zu missbrauchen und Freiheiten einzuschränken, ist groß. Wenn Stifter im Folgenden sagt: „der feste freie Mann lässt dem anderen auch Festigkeit und Freiheit", so meint er diejenigen, die sich über ihre Handlungen bewusst sind, die erkannt haben, dass Freiheit nicht nur ihnen selbst zusteht, sondern dass Freiheit auch den „Anderen" zusteht. Das freie, feste Individuum, so Stifter, achtet den Anderen nur, wenn er frei ist.

Wenn Stifter sagt, „Seine Waffe ist gegen den Freien das Wort und der Grund.", meint er, nur mit einem Gleichberechtigtem, einem ebenso Freien, wird mit Argumenten und Sachlichkeit gekämpft. Stifter meint, wer sich gegenüber der Freiheit, deren Gedanken und ihren Verfechtern intolerant verhält, soll mit der „Waffe des Schwertes" überredet werden. Ich gehe davon aus, dass dieser Begriff nicht beim Worte genommen werden soll. Es soll vielmehr darauf hingewiesen werden, dass die Gesellschaft das Recht hat, gegen sie Handelnde zurechtzuweisen mit allen gesetzlichen Mitteln. Stifter warnt vor dem „Auftauchen vieler nicht messbarer Gefahren." Er warnt vor politischer und gesellschaftlicher Polarisierung, die allzu leicht zum Auseinanderrücker gesellschaftlicher Teilgruppen und zu einer Gefährdung des Gesamtgesellschaft führen kann.

Stifters Text sollten sich die heute politisch Verantwortlichen zu Gemüte führen, dies insbesondere wegen der vielen, teilweise gewalttätigen Auseinandersetzungen in der Gesellschaft. Wenn ich an die Gewalt denke, die anlässlich der von der Regierung beschlossenen Startbahn West am Frankfurter Flughafen, die ich als Bereitschaftspolizist leidvoll miterleben durfte, im öffentlichen Raum ausgetragen wurde, meine ich mehr Besonnenheit, mehr Verantwortung für das eigene Handeln hätte hilfreich sein können.

Zeitfracht Medien GmbH
Ferdinand-Jühlke-Straße 7
99095 Erfurt, Deutschland
produktsicherheit@kolibri360.de